CÁRMENES

POEMAS Y CANCIONES

CÁRMENES

POEMAS Y CANCIONES

MANUEL ESTEBAN TIBAQUIRÁ

Valparaíso
EDICIONES

Número 544 de la Colección VALPARAÍSO DE POESÍA
dirigida por FEDERICO DÍAZ-GRANADOS

Esta publicación es posible gracias al apoyo de TF Auditores y Asesores SAS

Diseño de colección y portada: Chari Nogales

Primera edición: marzo de 2026

© De los poemas: Manuel Esteban Tibaquirá
© De los poemas *Poeta, Ojos de animal* y *El loco del barrio*: Manuel Esteban Tibaquirá y Camilo Andrés Cuéllar Mejía

© Imagen de portada: Laura Tibaquirá

© Valparaíso Ediciones
   C/ Fray Leopoldo, 7 bajo, 18014 Granada
   www.valparaisoediciones.es

ISBN: 979-13-88007-06-4
Depósito Legal: GR 140-2026

Impreso en España - *Printed in Spain*
Gráficas Gami

CÁRMENES

POEMAS Y CANCIONES

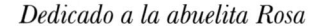

Dedicado a la abuelita Rosa

POEMAS

SANGRE

El suelo es de los salvajes y el cielo de los pájaros

Yo quisiera ser pájaro…
        volar
           bajar de vez en cuando para descansar

Por último, a morir

Antes llevaría a los indios roedores
pequeños reptiles
y grandes insectos recién cazados,
frescos

A cambio pediría canciones
noticias de sus dioses

Con una elegía cantaría los míos
y conversaríamos un instante

Pero soy hombre

       si bien
     mi sangre
también es del color de la Tierra

TEMPORADA DE POLILLAS

Tambaleándome casi fuera
del mundo
insisto

Escribo esto
pero no sé
si soy yo

Es temporada de polillas
en el País de Nieve,
hace calor en Florencia,
llueve en Bogotá

      Estoy ausente en todas partes

'¿De dónde viene?',
me preguntan
¿De dónde vengo? ¿De dónde soy?

      ¿Quién pregunta?

Otros tres cigarrillos
y casi matas ya
las manos
(como el poeta en Jattin)

Pero qué hacer con el alma
–digo yo– si el humo
no la toca

Y si no es el humo
nada puede entonces siquiera rozarla,
así que tal vez no existe
o se ha ido

A decir verdad
he soñado que, volando
la veo tirada
y desvanecida, medio sepultada entre escombros
húmeda en el piso
en la ducha de un apartamento anterior
después de un fuerte temblor

      Ya no vivo ahí

Hizo también mucho calor
de tarde en Poseidonia,
sus grandes diosas me ignoraron:

           llevé labios, ojos

         y oídos mutilados...

NIEBLA

Niebla espiritual
            de un paraje
       que siento existe;
cuéntame
            quién te envía
       si dibujas
                su mensaje

MONTAÑAS

Escalo en bici
montañas; un mar
se mueve lento

TE SIGO

Te sigo con la visión de luz turbia
que sigue al límite del espectro
del rabillo del ojo

Un espíritu me revolotea en el pecho
y busca en la memoria formas
que permitan adivinar
tu movimiento esbelto cortando el aire

Te pienso con las manos

Mi alma se conduce
a través de un mar de miedo
hacia las costas de un continente
en el que eres soberana

Te contemplo con la mirada fija
en los sueños de un deseo oscuro

Tú me evitas con gracia

     y yo me pierdo

PLANTAS Y FLORES

Plantas y flores
    incluso muertas...
        aún más hermosas

SILENCIO

Tu silencio egoísta
te tiene atrapada.

Pese a todo
        sé lo que guardas
            y me dedicas;

la música amarga
de un profundo resquemor
                        mudo

        escucho

VACÍO

Mi copa barata del Japón
guardaba el vacío
mejor que las otras

Tan bella era;
tenía pintadas azules circunferencias
interiores
y un kanji exterior
también azul
que la nombraba

Conservo sus pedazos
en una bolsa con flores
que me regalaron:
tumba solemne
para mi copa humilde y destacada

Olvidaré al final
este pequeño dolor
desparramado que me toca,

        pues parece
      la copita guardaba
           un pedazo
              de mi espíritu
       que hoy me cuesta
   recoger

CAMPANA

Chica guapa,
campana (flor) de perfume misterioso

Cargas voz que interpreta
todos los temas,
mirada que procuro
           pero me esquiva

Sonrisa que encendería
a un viejo monje
                 meditando
           árboles empapados por la lluvia

En vital movimiento ritual
he adivinado tu cintura
           sintiéndome segundos perdido
Y entonces pregunto,
así me pregunto:
¿Si otros horizontes descubrieras
           –valles o montañas, selvas sobrecogedoras
encontraría yo un camino de regreso?

Soy erguida rama del encenillo
que mojada
            gotea,
bonzo que acaso no del todo comprende
por qué se inmola

            Otra voz, mas balbucea

Borrachero que al aire vibrando
                esconde un colibrí

DRAGÓN

Anaconda
      desde la selva
             toca
        las nubes
     como dragón

         oriental

SENSACIONES

De recuerdos
no guardo gran cosa

Soy prolífico
        en cambio
en sensaciones
        oscuras
y lejanas
Me habitan, recorren;

ora me sobresaltan
ora me sumergen

        en profundas reflexiones

SUEÑO

Antenoche soñé
mis semillas germinaban

Hoy vi pequeños brotes
aparecer de entre la Tierra,
con lo cual
no he sido sorprendido

        solo maravillado

Un disco está por salir

Semillas y canciones
me nacen al tiempo…
¿a qué razón trascendental
obedece tal fenómeno?

Quizás un dios
        procure comunicarse conmigo
y aunque intento atenderlo
casi no puedo escucharlo

Paciente
como el fruto de la Tierra
espero me transforme,
como un vientre café
    –amasijo escondido
dando a luz un retoño
    frágil, implacable:

    musical

SED

Desde el aire

los Llanos Orientales
son como el infinito;
un río busca allí el horizonte

           –máscara de Dios

Tantos dioses
como ríos y horizonte, pues
        existen

           y beben…

      tienen sed

DESEO

De una mala
película rescaté:
  '...solo pido algo más
 al atardecer'

En un libro
milenario leí:
 'No es bueno
  que aquello suceda...'

El horizonte
un día, hace poco

me regaló un deseo:

arrastro mi existencia
endemoniada
al centro de la noche

  ¡Sálvenme!

NUBE

Nubecita que duermes
en la ladera de la montaña,
dime

      cómo llegaste ahí

¿Viniste de algún confín? O
más bien
¿acabas de nacer?

¿Continúas naciendo?
¿Volabas, veloz, lenta
     te estrellaste
   perezosamente acomodaste
en tal cama
    de falda y encenillos?

Si es cierto, pues, que naces
¿qué invisible ser sobrenatural
te está pariendo?

Yo mismo hasta hace poco
dormía,
pero nunca fui tan plácido
como tú:
    pequeña
      nube
        de la ladera
          de la montaña

Mañana volveré
de madrugada en bicicleta
a contemplarte

Te habrás ido

despertado, inquietado
acaso desesperado
viajado, escapado...

incluso, por qué no, muerto

O solo desaparecido

CAMPO DE BATALLA

Joven heredera de las gracias divinas
campo de batalla con nefastos presagios,
pediría me dejaras huir
antes de perder

Sin embargo
las decisiones sobre nuestros destinos
no nos pertenecen;
el mío –intuyo– es marchar y sucumbir

                    sobrevivir y caminar

El tuyo
vencer y abandonar

Muralla infranqueable:
mis armas y valor como las de Turno frente a Eneas
y la nueva Troya
presiento insuficientes

Belleza objeto del favor de los dioses:
                    quiéreme un instante.

Belleza arrogante, intemperante:
          hiéreme
          pero no me aniquiles

MAESTRO

Desesperado acudo
al templo, espero
al maestro

Despertar es urgente
mientras rugen en mí
corazón y mente

Amenazan inmolarme...
Espero.
¡Prenden candela!
Espero y espero

Finalmente ardo, soy fuego:

Maestro, te espero

CIMA

Cima de la
montaña, donde
se desgarran
nubes en niebla…

            quiero habitar
      ese lugar sagrado

Nada más divisarla
y tantas posibilidades sospecha el espíritu
Recorrerla –recuerdo
y el alma se extravía
y transforma
advirtiendo su condición

(tambores que solo
          escucha
      el corazón)

Si canta el pajarito
en su cría me convierto,
me descubro arcilla fresca
en manos de un dios

Espermatozoide y óvulo
reventando un ser
cósmico, casi extraterrestre
que por azar habita aquí

Montaña sagrada de niebla:
mañana mismo
aguarda por mí

AMOR

Cuando pensé me gustabas
me equivocaba:
                    te quería

Cuando dije te quería
no era cierto:
                    te amaba

Entonces, ahora que repito
"te amo", tal vez miento

                    ¿Cómo llamar este anegado sentimiento?

ÁRBOL

Pequeño o ingente árbol
                    maestro,
            paciente observador
            caminantes protector

    Profeta

Tranquilo

    en silencio
            canta y baila...

Silencio

gran secreto revela

        antigua sabiduría

LEJOS

Visto de lejos
confundo,
tal vez asusto

Ya de cerca,
          tranquilamente
te encuentras casi sentada en casa

Siento que
mil rostros desfigurados
me ocultan,
canción o poema

En todo caso
por favor

dime
      quién eres

Y sobre todo
quién o qué
en esta vida, en este instante

        soy yo

STILL REMAIN

Much many words
to choose
Yet, this time, really

the simplest will do:
          friends, places

Even
better   –perhaps
would   just be

to
vigorously silent –in spirit, remain

          still

     remain

MUERTE

Esta sensación
de próxima muerte
¿de dónde proviene?

Pienso en todo cuanto sucede,
que nada en definitiva puede
de verdad
ser tan terrible:

           desesperanza, dolor,
       abandono, pobreza, fracaso
Acaso solo
reacciones usuales
de una herida anterior, profunda
que no sé si, por fin
el mundo me distorsionan
           o iluminan

Pero ¿la Muerte?
¿No es ella un cierto límite
demasiado extremo
para ser sincero?

En todo caso
siento me habita,
de muchas formas pertenece
casi como extremidad –sí!
        como miembro

Es como si quisiera hablarle
pero me esquivara viéndome;
tipo… "mira, deseo explicarte

pero pareces muy tímida
                y me evitas…"

        tocándome

PIERNAS MOJADAS

Las piernas mojadas
escalando
montañas buscando nubes,

como al inicio de los tiempos

ADHAN

He encontrado hermoso
un canto espiritual despertando
a la materialidad –a la ciudad
de mañana y tarde
al filo de la civilización

No puedo saber lo que dice
pero creo entender
                cuanto significa:
           cuida tu alma!
piensa más, siéntelo, a Dios –¿por qué no ahora mismo,
                sin prisa, mientras dormitas?
          en tu corazón...

       (o donde sea
     tengas
aún sensibilidad)

...descansa

      *

¿Qué cantará la Voz
de nuestra Ciudad Cristiana?

Un festivo coro trágico, quizá
en la canícula al mediodía
que a nada llama, pero recuerda
que la vida
es dolor
y dura poco,
y que Dios, tal vez

    observa

aun estando lejos

POETA

Poeta, guíame
llévame hasta el Centro:
mañana te pago

CASAS

Acabo de llegar,
de donde vengo me llaman muchos nombres,
ninguno es el mío

Con todo, mi voz aún canta
a ratos dulce
con un sentido que se descuelga
lejano
        inalcanzable

Iría a casa
de quien tal vez me quiere
       pero embrujada
se encuentra ocupada
Pese a esto
deambulo…
      al final me encuentro:
           avergonzada, torpe
      y sin espacio, mi vida

Iría a casa de mi madre
      pero es maldita

A la de mi hermana
      pero un demonio la habita

La casa de mi abuelita
está ya muy lejos;
ayer y hoy son solo sombras,
recuerdos

    La muerte acecha

En mi habitación vive un fantasma
(busco derrotado un último refugio)
Triste ectoplasma, tan pocos
      ratos amable
siempre exhausto, jodido, adolorido…
      rechazas al mundo

Ahora, Mundo
seamos sinceros:
tú decidiste primero

      Y este armisticio
      tan prolongado en el tiempo
      es ya una eternidad

PARED

Entre este continente y yo
se alza una pared;

    nadie
    parece verla
    pero la siento

Recibo del otro lado
vacías miradas ladinas –son mezquinas
en ojos fantasmales
habitando lenguas
sorprendentemente desconocidas

Todo esto crece también en mí
y yo lo dejo
Qué más debiera hacer, acaso;
más bien
no puedo detenerlo

¿Es verdad
no sabes identificar

el
instante
justo donde en
su origen los muros
nacen, y cómo según su propia
naturaleza coronados de almenas crecen?

Observa bien de este lado:
nosotros sí

CAMILA

Creo saber
cómo pedías
desde el fondo
amor auténtico,
fuerte –¡tan fuerte!
cual temblor

Por eso llegué yo
temblando
  y casi derrumbado
 en efecto,
por un sismo

Vine en cualquier caso
nadando (arrastrado flotando)
del otro lado...

Un mar legendario

...desde cuando un barco
también destartalado
hundiéndose el amanecer asimismo
me abandonó

¿Qué vas hacer entonces
        amor mío
con estos miembros
        raídos
        apenas sostenidos
que ahora, además
           a tu contacto
                duermen
                ?

Echa, te propongo
todas las partes a un río,
bajando rápido
helado desde el Alto

Considera bien –si quieres
plantas, árboles, piedras
aires
animales…

        Pero tú en verdad solo ve siéntate

           Tranquila, solo pon atención: escucha

SABBAT NEGRO

Farewell chamánica, danza
violenta
bramido de instrumentos
–al tiempo artesanía
y descuartizados miembros
del divino cuerpo

Iniciación por flagelación
a hombres-niños,
patria originaria del espíritu:
metal, agua, piedra
Dos irreales cuernos del Dios Toro.
Muerte. Vida. Tierra.

('Tu amor debe ser
en todo caso cierto;
aún antes de que ingreses la Vía
él –tú misma– lo ha sentido

Y cosas que no
creías ya posibles
como estrellas en pléyades

fruta, psicótica vid

te serán dadas pues cargamos su sello')

Despedida y regreso
al comienzo de la música
y el Viento

CANCIONES

LUCY

Decidí –huyendo
abandonarme hasta encontrar
el Mar

Y ya en mi balsa crepita
un fuego que agita
del corazón
un dios

Percibí
en su aliento
el rastro del rayo inmortal;
y ya mi alma gravita
el astro que invita
a devorar el Sol

Te invoqué, Señor
con la guitarra;
percibió
tu ser de azufre todo mi dolor

Enseñas y vienes
cuando arrecian combatientes
mostrando el rumbo a caminar…

　　　　el cielo habitas
　　　　　　el mar agitas

Decidí, huyendo
abandonarme hasta encontrar
el Mar
Y ya en mi balsa crepita
un fuego que agita
del corazón
un dios

Y ya en mi balsa crepita
un fuego que agita…

Atiéndeme, Señor del Alba

Y ya en mi balsa crepita
un fuego que agita…

Dios del Alba, Dios del Alba

Y ya en mi balsa crepita
un fuego que agita…

del corazón, un son
un dios

IMPERMEABILIDAD

Cerca de un mal trago
hallé impermeabilidad

Pasando un frenesí de luna
vino seco y levadura
                entendí por fin
        que el alba
sin medrar grita,
aúlla sin parar:

'Solo de farra le podrás leer las cartas a la vida
y tocando la lira
quiero verte
triunfando desde allí,
superando el calor…

> *Cerca de un mal trago hallé lo que buscaba,*
> *impermeabilidad*

…del momento de lo obvio
 que trae el dolor:

> *Cerca de un mal trago hallé lo que buscaba,*
> *impermeabilidad*

presiente el presente'

Cerca de la hoya
hallé invencibilidad
y dándole fuerte aguardiente
a Carmencita la demente
ya que todos los días viene a verme
triunfando desde aquí,
superando el calor…

Cerca de un mal trago hallé lo que buscaba,
impermeabilidad

…del momento y lo obvio
que trae el dolor

Cerca de un mal trago hallé lo que buscaba,
impermeabilidad

Y mucha versatilidad,
y fuerza:

Presente el presente

SIN DIOS

Una vez pedí
a la vida
que me dejara partir
a vagar sin dios
como un sucio esclavo
un maldito perdedor

Una vez pedí
que me dejaran morir:
mi corazón ardiendo,
mi imaginación ahogándose
en ciencia estúpida
y falaz

Una vez soñé
que la muerte no era
sino otro lugar
por el cual
andar
los tristes caminos
de mi amarga soledad

Una vez soñé
que en mi cuarto entraba un ser
que no descansa
que no alcanza a ser
un sueño típico,
cuando la Luna lo atraviesa
siente un gran vacío:

Se ha dedicado a perseguir mi alma

que no descansa
que no alcanza a ser
un sueño típico,
cuando la Luna la atraviesa
siente un gran vacío:

Se ha dedicado a perseguir mi alma

MONSTRUO

De azul
color
es el Sol
si los ojos cierro
y despierto

Un ángel presiento
en cada vuelo
el Misterio

(pero el Agua nos reúne)

Como Tierra y trance fungen
los recuerdos y la sangre trabados,
y el alma
que aún dispuesta
no se encuentra habituada

      a la Poesía

Copetones en el cuello siento
Una espada y filo
doy
La verdad que un día
fermentó la bebida...

      algo parecido soy

Una voz soyó
una noche entera
a una hueste sincera,
el ritual conmueve
al que espera

       –como a un árbol lo sacude

Como Tierra y trance fungen
los recuerdos y la sangre
trabados, y el alma
que aún dispuesta
no se encuentra habituada

       a la Poesía

Una flor cada día
es quien duerme en el desierto,
toma un baño al viento
y hoy
mira con desidia
la trivial garantía...

Algo parecido

DIOS SIN SUERTE

Dios-Alba,
señor sin suerte,
con gracia muerde y forma un círculo
        de Muerte

Cual sierpe y mujer
con danza oscura
anuda el Sol:

su palpitar, rencor

        Sé
             cuál es
      tu condición
      tu medida

Signo
de amplia espera
es tu sino
de ambición;
        una vida entera de cara a la prisión

Dios sin suerte,

vuelve y forma el Círculo
            de siempre

(Dile,
cuéntale, canción de amor,
      tu alegría)

Signo de amplia espera eres tú, ¡oh!

      Sé
             cuál es
      tu condición,
      tu medida

      Círculo de Muerte:

      Dios sin suerte

AL SUR

Si volver algún día
fuera regresar,
el neonazi
que te cuida
le aullaría
a una luz halógena
como luna-enfermedad

Mis mails a la deriva
habitan en la red,
si tu curiosidad espía
te dirían

que al sur despierto
de Bogotá en silencio;
al fin
tu recuerdo es un dolor
que me amarga el día

Y si pudiera pediría
al Sol
fantasía,
y a tu continente
la humedad a costa mía

Al sur despierto
con el corazón
latiendo a mil:
            he soñado un dolor
        que me amarga el día

                                    Al sur…
encuentro soledad,
la de tu ausencia e ira

                                    Al sur…
encuentro la tristeza
de tu ausencia
                oblicua

TIERRA

Tierra,
he sabido de ti

me ha enseñado
el Sol
a cantar
como pájaro

He sabido de ti

Tierra,
te he escuchado decir
                que
            aunque la vida
y tú y yo
somos sombra de un sueño,
la muerte tiene
un color
que en su momento
yo apreciaré
        y diré:

            'Ven Madre, tócame'

Tierra,
me intentaron mentir…
señalando al Amor
como fundamento
                y canción

                    he sabido de ti

He sabido de ti

BLUES YAGÉ

Leve lluvia me anega,
alucinación despliega

Desnudé
el miedo:
        fui
             Muerte

                        – Allimanda, allimanda

La pared, el velo, cede;
en mi lado habita una serpiente…
       su piel es real,
            mi cien…

            Viento

Juego, fuego, revelador

                        Cosmos
   Azar
            Destino
Dolor
                          Alma
      Movimiento
               Tierra

Cuerpo
    Mundo
        Amor

              Espacio… Sentido

¡Espíritu!

                Duración

Violencia,
    Locura y Verdad

Juego, fuego, consumidor
me sostienes, hablas…

          ¡Permanece!

ΑΝΘΟΣ

Aunque sé mentir
es cierto que fui
tan solo hasta ayer
una flor extraña

Hoy le entrego al viento
casi nuevo aliento,
y fui piel sin tez
una fruta amarga

Vaga miseria:

    lo que mucho aspira

        (Horas,
           quisiera, por veces,
                poder oír la Voz)

Cruda espera:

    mi canción la invita

A la salud
de la inquietud, escancia

Abro el regalo,
contemplo
y restallo;
guardo para mí
    el color del Alba

Y aunque sé mentir
contaré que vi
al amanecer
un dios que bailaba

Flor primaveral:
la versión que imita

A la salud
de la inquietud!

NOCHE GRIS, AZUL

No quiero verte
sin novedad
     de Sol o Mar;
      mirando al frente
aun
si mi canto
invita al llanto
o a maldad

Sé
como una noche gris
en Bogotá:
alegre
pero felizmente
          trágica...

      Sufriendo imperturbable.

Morderé
tu garganta mortecina
      para que eleves un
canto al dios
   de la inquietud
del Hombre

Sé
como una noche azul
en el Caribe, azul:
amante pero asesina
de turistas que
dependen del reloj

> Creciendo como altares
> florecen las verdades

que por ti entiendo,
lo que en ti espero aún

> Conviértete en un hado
> que invite intoxicado

al nacimiento
de nuevo al Tiempo

EL LOCO DEL BARRIO

Yo soy el loco
que camina
todos los días
por el barrio

Arreglo ollas
y licuadoras,
brilladoras
y aspiradoras:

     yo soy el Loco.

El que camina
sin direcciones,
el que se acuesta
a esperar las noches
     frente a las puertas:

     yo soy el Loco.

     (Imagina hondo el suspirar
     de soledad marchita,
     reventada,
     de fiesta enferma
     –en discordia con
     su mística)

Yo soy el loco
que camina
todos los días
por el barrio

Yo soy el loco que sigila
todos los días
por el barrio

Yo acepto el fuego que otros pierden,
cuanto sostienen, lo que pretenden:

yo soy el Loco.

Si me incriminan, si me convierten
en lo que aspiran, así me encuentre

fuera de foco:

yo soy el Loco.

(Y aunque yo sé que nunca me has visto
aunque sé que no me recuerdas
nunca me olvides
–porque sigo respirando a tus espaldas,

Yo sigo respirando a tus espaldas
nunca me olvides:
¡cuando llueve
confundo labios con el granizo!)

OJOS DE ANIMAL

Hace muchos años
vive un hombre
solo
la montaña

Revisa todo el día
líneas
que por bien sufridas
se escribieron

Y tiene una terraza
desde donde vigila el resplandor
de la ciudad
Solo vive el hombre,

sus ojos brillan
como en animal

– 'Estamos solos…
          solos en cualquier soñar…'

Frente a otros cuerpos
pero solos

Aún se ve
su casa en el mismo lugar.

– 'Nada de lo que ahora
  considero mío
  me pertenece en verdad
  Todo ya fue usado,
  licenciado,
  manoseado...
  de segunda intención

  Ni un segundo para mí
  en la historia del aquí
  mucho menos
  en las postrimerías
  Y yo que siempre quise todo
  y que aún lo quiero todo
  no me puedo conformar:

  Estamos solos...
        solos en cualquier soñar...'

Frente a otros cuerpos
pero solos

Aún se ve
su casa en el mismo lugar
en una historia de luna y sed,
de vida confundida con la mía

Estamos solos,
        solos en cualquier soñar:
        aún se ve
su casa en el mismo lugar

DIOS DE LLUVIA

Granizo llueve
sobre el horizonte
aleve,
carga relámpagos
sin luz
su corazón de nieve

No muy lejos de aquí,
       no muy lejos de aquí

Locura y salvación
       se elevan como puente:
Dios de Lluvia, hazme canción
para ser
       y bailar
              en donde nace el Viento

Dame suma alucinación
dame condición
una vida entera:
                     guíame
al centro de la Tierra

No muy lejos de aquí,
       no muy lejos de aquí

Locura y salvación
     se elevan como puente:
Dios de Lluvia, hazme canción
para ser
     y bailar
          en donde naces Viento

Celebraré si entiendo
los colores del deshielo…

          Revélame el Misterio

ÍNDICE

POEMAS